BEI GRIN MACHT SICH IHR WISSEN BEZAHLT

AF141173

- Wir veröffentlichen Ihre Hausarbeit, Bachelor- und Masterarbeit

- Ihr eigenes eBook und Buch - weltweit in allen wichtigen Shops

- Verdienen Sie an jedem Verkauf

Jetzt bei www.GRIN.com hochladen und kostenlos publizieren

Konzeption eines qualitativen Interviewleitfadens. Minimierung von Verzerrungen und Bedeutung von Gütekriterien

Bibliografische Information der Deutschen Nationalbibliothek:

Die Deutsche Nationalbibliothek verzeichnet diese Publikation in der Deutschen Nationalbibliografie; detaillierte bibliografische Daten sind im Internet über http://dnb.d-nb.de abrufbar.

ISBN: 9783346728517
Dieses Buch ist auch als E-Book erhältlich.

Druck und Bindung: Books on Demand GmbH, Norderstedt Germany
Gedruckt auf säurefreiem Papier aus verantwortungsvollen Quellen

Das vorliegende Werk wurde sorgfältig erarbeitet. Dennoch übernehmen Autoren und Verlag für die Richtigkeit von Angaben, Hinweisen, Links und Ratschlägen sowie eventuelle Druckfehler keine Haftung.

Das Buch bei GRIN: https://www.grin.com/document/1273728

Einsendeaufgaben

B1-B3

Alternative B- Wissenschaftliches Arbeiten: Vertiefung I

abgegeben am 02.Januar 2018 bei der Deutschen Post

SRH Fernhochschule

Modul: Wissenschaftliches Arbeiten: Vertiefung I

Studiengang: B. Sc. Psychologie

Inhaltsverzeichnis

1 Teilaufgabe - B1

1.1 Konzeption und Kriterien des qualitativen Interviewleitfadens

Im Folgenden werden die Konzeption und die Kriterien eines qualitativen Interviewleitfadens zum Thema „Kundenbindung bei Abonnementzeitungen" erläutert. Der dazu entwickelte Interviewleitfaden kann, unter Anlage 3, eingesehen und zur Befragung ausgewählter Rezipienten, im face-to-face Interview, eingesetzt werden.

Die empirische Forschung bedient sich bei der Datenerhebung häufig an der Methode von qualitativen Interviews. Dabei werden in einem meist asymmetrischen Gespräch die Konversationsrollen des Interviewers und des Befragten genau festgelegt. Der Forschende stellt die Fragen und der Teilnehmer antwortet, wobei Informationen und Daten ermittelt werden (vgl. Hussy, Schreier & Echterhoff, 2013, S.224).

Die Interviewmethode weist verschiedene Formen auf und unterscheidet sich anhand ihres Strukturiertheitsgrades. Es gibt beispielsweise stark- strukturiert, teilstrukturiert (auch Leitfadeninterview) oder wenig- strukturierte Interviews (vgl. Atteslander, 2010, S.133, Abb.4-5). In der vorliegenden Arbeit wird das teilstrukturierte Verfahren behandelt und ist, nach Atteslander (2010, S.135), das am häufigsten verwendete in der qualitativen Forschung. Das Erhebungsinstrument ist der Leitfaden, auch „interview guide" genannt. Bei dieser Befragungsform handelt es sich um Gespräche, die auf Basis vorformulierter und offener Fragen erfolgen. Aus dem Gespräch heraus können Themen oder Fragen ergänzt, umformuliert oder ausgelassen werden. Zudem existieren keine Antwortvorgaben. Die „Strukturiertheit" bezieht sich hier auf die inhaltliche Vergleichbarkeit der Fragen, nicht auf die exakt vorgegebene Formulierung. Der Leitfaden dient dem Interviewer als Orientierungshilfe und Checkliste in der Befragung (vgl. Bortz & Döring, 2016, S.372). Nach den Autoren, Hussy, Schreier & Echterhoff (2013, S.225) verbindet er, durch seine offene und doch geregelte Handhabung, Systematik und Flexibilität. Daher ist ein starres Verfolgen des Leitfadens unerwünscht, da sonst der Interviewer das

Gespräch nicht anpassen und es zu Verzerrungen des Interviews kommen kann. Um daher die sogenannte „Leitfragenbürokratie" zu vermeiden, muss der Interviewer eingehend mit dem Thema und dem Untersuchungsgegenstand geschult werden (vgl. Gläser & Laudel, 2010, S.187). Hopf (1978, S.11) bemerkt dazu treffend, „je weniger strukturiert ein Leitfadengespräch abläuft, desto eher kommt es zu einem `Prozess permanenter spontaner Operationalisierung`."

Zu den verwendeten Fragen bei einer Leitfadenkonzeption lässt sich folgendes zusammenfassend, nach den Autoren Gläser und Laudel (2010, S.145), hinzufügen. Die Anzahl der Fragen sollte individuell an den zu erhebenden Inhalt und die Interviewdauer angepasst werden. Zur Kalkulation können, je nach Offenheitsgrad, 8-15 Fragen pro Interviewstunde gestellt werden. Es wird empfohlen die Fragen auszuformulieren, da es den Vorteil der Vergleichbarkeit bietet und in schwierigen Interviewsituationen Sicherheit verleiht. Allgemein sollte der Fragetypus einfach, leicht und verständlich in Alltagssprache gehalten werden. Die hauptsächlich, untersuchungsrelevanten Fragen sollten offen formuliert und für Erzählanregung bei den Befragten sorgen. Dadurch werden häufig Detailfragen hinfällig. Ein sehr wesentlicher Aspekt stellt die Klarheit dar, wonach der Fokus auf der Verständlichkeit von den Fragen liegt. Die Reihenfolge sollte chronologisch sein und Zeitebenen, wie beispielsweise von Vergangenheit nach Zukunft, beachten. Das Stellen von heiklen, intimen oder provozierenden Fragen sollte zum Ende des Interviews erfolgen, um die vertrauensvolle Situation nicht zu kippen.

Allgemein unterteilt sich der Leitfaden in eine vorausgehende Eröffnungsphase, wo eine Begrüßung sowie ein Informationsteil enthalten sind. Ebenso wird in dieser Phase das Untersuchungsziel nochmals erläutert sowie die Genehmigung über die Tonbandaufzeichnung und die Einwilligung der Datenverarbeitung eingeholt. Nach einem kurzen formalen Abschnitt, der zur Erhebung personenbezogener Daten des Befragten dient, geht der Leitfaden in die Hauptphase über, wo die untersuchungsbezogenen Fragen gestellt werden. In der Endphase besteht Raum für Fragen und Anregungen des Befragten, es erfolgt eine Danksagung seitens des Interviewers und die Unterschrift zur Einwilligung der Datenverarbeitung. Eine Verabschiedung schließt das Interview nach den gängigen Höflichkeitsregeln ab (vgl. Hussy, Schreier & Echterhoff, 2013, S.228). Es besteht die Möglichkeit das Interview telefonisch, online oder face-to-face durchzuführen, wobei die persönliche Variante mehr Vorteile bietet (vgl. Gläser & Laudel, 2010, S.154). Ebenso sollten ethische Aspekte in der Interviewleitfadenkonstruktion beachtet werden. Beispielsweise sollten die Befragten keinen Schaden durch die Fragen erleiden. Die Konfrontation mit traumatischem Frageinhalt, kann bei den Probanden belastende Erinnerungen aktivieren und dadurch Ängste oder andere psychische Belastungen freisetzen (vgl. Gläser & Laudel, 2010, S.145-146).

1.2 Vorgehen der empirischen Untersuchung

Vor Beginn der empirischen Untersuchung und der Konzeptionierung des Leitfadens wird der Untersuchungsgegenstand näher betrachtet und das Forschungsthema gezielt festgelegt. Da es sich um ein qualitatives Untersuchungsdesign handelt, ist die induktive und datengestützte Vorgehensweise sehr wichtig. Das Ziel der Erhebung kann durch Analyse bereits vorhandener Forschungsergebnisse, genau definiert werden, wie in dieser Arbeit das Konstrukt, nach Rogall (2000, S.150), „Kundenbindung bei Abonnementzeitung". Nach Gläser und Laudel (2010, S.115) sei „ein wichtiger Grundsatz [...] deshalb, alle Schritte, die bei der Konstruktion eines Interviewleitfadens gegangen werden, zu dokumentieren, um die Operationalisierung zumindest nachvollziehbar zu machen."

Nach Festlegung des Konstruktes wird der Prozess der Operationalisierung gestartet. Da das komplexe Konstrukt nicht messbar ist, wird es in einzelne Komponenten zerlegt. Den Dimensionen werden Kategorien zugewiesen, die durch beobachtbare Variablen, sogenannten Indikatoren, spezifiziert werden. Die spezifizierte Zerlegung stellt sich beispielsweise so dar: *Dimension: Variety Seeking –> Kategorie: Wunsch nach Abwechslung –> Indikator: Langeweile durch Langzeitabonnement.* Auf dieser Grundlage entwickelt sich das qualitative Forschungsdesign. Anhand der Indikatoren werden die Fragen und Beobachtungen für den Leitfaden formuliert und durch weitere Stichpunkte ergänzt (vgl. Atteslander, 2010, S.48-49). Nachfolgend werden die einzelnen Dimensionen des Konstruktes näher erläutert:

Dimension: *Habituelle Mediennutzung* untersucht wie stark sich der Leser an die Struktur und Gestaltung seiner Zeitung gewöhnt hat. Der Leser wird über sein Nutzungsmuster befragt, ob er z.B. eine bestimmte Reihenfolge, Rubriken, Lesesorten oder Lesezeiten, hat. Es ist davon auszugehen, dass der Leser bei starker Bindung an sein Abonnement, keinen Produktwechsel anstrebt oder sich auf eine Umgewöhnung einlässt.

Dimension: *Variety Seeking* untersucht den Wunsch nach Abwechslung. Hier wird erfragt, ob der Leser von seinem Zeitungsabonnement gelangweilt ist oder beispielsweise Informationen oder Nachrichten vermisst. Vergleichsweise wird erörtert, bereits aus diesen Gründen ein Probeabonnement in Anspruch genommen wurde, oder Konkurrenzmedien bezogen werden, um die fehlenden Faktoren auszugleichen. Es ist davon auszugehen, wenn der Leser von Inhalt und Aufmachung seiner Zeitung gelangweilt ist, dass er offen für Konkurrenzmedien ist.

Dimension: *Kundenzufriedenheit* untersucht inwiefern der Leser zufrieden mit seiner Zeitung ist. Er kann Angaben zu Teilbereichen der Zeitung abgeben oder die gesamte Zeitung bewerten. Ist der Leser zufrieden, wird er eher weniger in Betracht ziehen das Abonnement zu kündigen oder zu wechseln.

Dimension: *Soziale Wechselhemmnisse* untersuchen, ob der Leser beispielsweise durch sein soziales Umfeld beeinflusst wird, die Zeitung zu abonnieren. Oder ob er durch seine Region an die Zeitung gebunden ist oder ob ein lokal politisches Interesse dahintersteckt. Je nach Grund kann die Bindung an das Abonnement stärker ausgeprägt sein.

Dimension: *Ökonomische Wechselhemmnisse* untersuchen, ob der Leser aus ökonomischer Sicht seine Zeitung wechseln würde. Aus Gründen wie Treuevorteile, Kosten oder Rabatten könnte es vor- oder nachteilig für den Leser sein. Es lässt daraus schließen, wie wichtig der Preis der Zeitung die Einstellung des Lesers steuert. Ebenso wird der damit verbundene Aufwand abgefragt.

Dimension: *Produktfunktionen und -eigenschaften* untersuchen, wie der Leser die Funktionen und Eigenschaften seiner Zeitung beurteilt. Hier können sich Stärken und Schwächen seiner Zeitung zeigen. Es wird daraus erkennbar, durch welche Eigenschaften sich der Leser besonders mit seiner Zeitung identifizieren kann. Ebenso wird der Status erfragt, ob die Marke der Zeitung eine bedeutende Rolle spielt und inwiefern der Leser seine Zeitung nutzt, wie beispielsweise zur Entspannung, Unterhaltung oder als reine Informationsquelle.

Im nächsten Schritt muss die Stichprobe für die Studie so ausgewählt werden, dass sie möglichst repräsentativ auf die Gesamtheit ist (vgl. Atteslander, 2010, S.273). Die qualitative Forschung bedient sich daher keinen zufälligen Stichproben, sondern bewusster und absichtsvoller Fallauswahlen (vgl. Hussy, Schreier & Echterhoff, 2013, S.194). Daher müssen vor dem Sampling die Kriterien von den zu untersuchenden Personen für die Studie festgelegt werden. Im Konstrukt „Kundenbindung bei Abonnementzeitung" wird der Fokus vorrangig auf die Kunden des Verlages gelegt, die eine Zeitung auch im Abonnement beziehen und kaufen. Andere Kundengruppen (z.B. Anzeigen- oder Werbekunde) sind nicht relevant, da es primär um den Zeitungsbezug und die Bindung an ein Abonnement geht. Sie werden daher beim Sampling nicht berücksichtigt.

Grundsätzlich bedient sich die qualitative Forschung an theoretischen und empirischen Vorkenntnissen und legt den Schwerpunkt auf die gezielten Fälle, die besonders aussagekräftig für das Thema sind. Es erfolgt daher eine Orientierung von mindestens drei soziodemographischer Merkmale (z.B. Alter, Geschlecht, Beruf). Für das Sampling ist es wichtig, dass alle Merkmalskombinationen vorkommen (vgl. Bortz & Döring, 2016, S.302-303). Die Auswahl der Interviewpartner entscheidet über die Art und die Qualität der Informationen. Daher ist das Stichprobeverfahren forschungsökonomisch auszuwählen. Allgemein arbeiten die qualitativen Studien mit meist sehr kleinen Stichproben (ca. 10-20 Personen), um eine theoretische Sättigung zu erlangen.

Es können jedoch auch Stichproben bis zu 200 Personen erfolgen. Für die vorliegende Arbeit wurde eine Stichprobe mit 20 Personen ausgewählt (vgl. Gläser & Laudel, 2010, S.117).

Es wurden folgende Teilnehmerkriterien für das Sampling festgesetzt:
Die Altersgruppe liegt zwischen 18-99 Jahren, es werden verschiedene Bildungsabschlüsse (kein Abschluss, Lehre, Universität) angestrebt, es sollen beide Geschlechter (weiblich, männlich) gleichermaßen vorhanden sein und die Personen sollten Nutzer sowie Abonnementen einer Zeitung sein. Zusätzlich ist Voraussetzung, dass die Leser über das Wissen und Erfahrungen (Leser eines Abonnements) was im Interview abgefragt wird, verfügen. Ebenso sind Fähigkeiten, wie Selbstreflexion und Artikulation, sowie die Bereitschaft und Offenheit, am Interview teilzunehmen sehr wichtige Attribute.

Bevor der Leitfaden in der Hauptuntersuchung eingesetzt wird, muss er einem sogenannten Pretest unterzogen werden. In Form von Probeinterviews kann, über die Qualität der formulierten Fragen entschieden werden, ob der Leitfaden die gewünschten Ergebnisse erzielt und die Kriterien erfüllt. Wichtig ist hier auch der Aspekt mit der Vergleichbarkeit anderer Untersuchungsdaten. Der Leitfaden kann im Anschluss noch angepasst und überarbeitet werden (vgl. Bortz & Döring, 2016, S.372-373)

1.3 Beschreibung des Interviewablaufs

Das Interview mit dem ausgewählten Rezipienten findet zu einem vorher abgestimmten Termin, an einem neutralen, ruhigen und angenehmen Ort statt. Die Unterhaltung kann ungestört erfolgen. In der Eröffnungsphase wird der Interviewer den Befragten begrüßen und informiert diesen kurz über den Forschungszweck sowie den Interviewverlauf. Ebenso wird ein Hinweis zur Tonbandaufzeichnung und zur Einverständniserklärung erfolgen. Durch die einleitenden Worte wird bereits versucht eine vertrauensvolle Atmosphäre zu schaffen und einen Rapport herzustellen. Im formalen Abschnitt füllt der Proband personenbezogene Angaben aus, wonach die Hauptphase mit dem eigentlichen

Befragungsteil beginnt. Der Interviewer richtet seine Aufmerksamkeit ganz auf seinen Probanden und hört ihm aktiv zu, unterbricht diesen nicht und bleibt durch das gesamte Interview wertungsfrei. Das Interview startet mit der ersten Frage durch den Interviewer und wird am Leitfaden orientiert fortgeführt. Durch den offenen Strukturiertheitsgrad ist es dem Interviewer erlaubt Fragen spontan umzuformulieren, auszulassen oder zu ergänzen sowie die Reihenfolge zu verändern. Der Befragte hat ausreichend Zeit zu antworten und kann alles äußern was ihm wichtig ist und einfällt. Nach jeder Beantwortung versucht der Interviewer durch kurze Denkpausen zur nächsten Frage überzugehen, um das Gespräch im Fluss zu halten und gleichzeitig dem Befragten die Möglichkeit zu bieten evtl. noch etwas Vergessenes hinzufügen.

Das Leitfadeninterview dieser Arbeit umfasst 14 Fragen und wird mit einer Zeit von 60 min angesetzt. Nach der Empfehlung der Autoren Gläser & Laudel (2010, S., siehe Abs. 1.1) ist ein Interview zwischen 8-15 Fragen, je nach Offenheitsgrad, in einer Stunde realistisch. Der Interviewer ist gut geschult und kann durch die offene Gestaltung des Leitfadens im Interviewprozess spontan und fortlaufend operationalisieren. Ebenso ist er bemüht Verzerrungen seinerseits zu vermeiden und auf Unkonzentriertheit oder Ermüdung seines Befragten zu achten. Der übersichtlich gestaltete Leitfaden bietet schnellen Überblick für eine gute Interviewsteuerung.

Nach der letzten Frage folgt die Endphase des Gesprächs. Der Interviewer wird sich für die Kooperation und das angenehme Gespräch beim Probanden bedanken und ihm die Möglichkeit bieten Unklarheiten oder Anregungen zu äußern. Wenn alles geklärt ist, wird dem Rezipienten die Einverständniserklärung zum Unterzeichnen vorgelegt. Der Befragte erklärt sich damit einverstanden, dass im Rahmen der Untersuchung seine Angaben und Daten ausgewertet und weiterverarbeitet werden dürfen. Am Ende erfolgt die gegenseitige Verabschiedung. Die Datenerhebung ist damit abgeschlossen, wonach sich die Auswertungs- und Analysephase für die qualitative Forschung anschließt. Die Auswertung des Interviews kann beispielsweise mittels qualitativer Inhaltsanalyse erfolgen (vgl. Hussy, Schreier & Echterhoff, 2013, S.226).

2 Teilaufgabe – B2

2.1 Verzerrung im Interview – was ist das?

Jedes Interview stellt eine spezielle und soziale Situation dar. Obwohl durch Entwicklung und Festlegung gewisser Standards versucht wird, die Interviewsituation zu kontrollieren, können trotzdem Verzerrungen durch das Verhalten des Interviewers oder seitens des Befragten auftreten (vgl. Atteslander, 2010, S.112). Dieses Verhalten kann die Gültigkeit der Umfragedaten beeinflussen bzw. verzerren. In den folgenden Abschnitten 2.2 bis 2.4 werden die möglichen Ursachen oder Fehlerquellen sowie Gegenmaßnahmen näher erläutert.

2.2 Verzerrungen durch Interviewer

Die Interviewer- Effekte, auch „interviewer-related-error" (vgl. Bortz & Döring, 2016, S.360) können entscheidenden Einfluss auf das Interview haben. Allein die Kompetenz durch die „Kunst des Fragens" (vgl. Gläser & Laudel, 2010, S.120) und wie Fragen formuliert werden, kann Verzerrungen begünstigen. Die Autoren Gläser und Laudel (2010, S.190) bewerten dies als taktische Fehler, und nennen dazu, das Stellen von Suggestivfragen, multiplen Fragen, dichotome Fragen sowie das Auslassen oder Überspringen von Fragen oder nicht-Nachfragen. Nach den Autoren Davis, Couper, Janz, Caldwell und Resnicow (2009, S.14-26) existieren widersprüchliche Aussagen und Befunde, in welchem Ausmaß soziodemographische Merkmale, wie beispielsweise Alter, Geschlecht oder Status eines Interviewers, Einfluss auf Aussagen der Befragten haben und zu Verzerrungen führen. Beispielsweise wäre bei intimen Themen (z.B. Sexualität) häufig ein gleichgeschlechtlicher Gesprächspartner angebracht, da hier äußere Merkmale des Interviewers ggf. stärkere Interviewer- Effekte provozieren würden. Weiter werden das äußere Erscheinungsbild, das Auftreten und die Ausstrahlung des Interviewers, von Mey und Mruck (2007, S.273), als ein „spezifischer Reizwert" im Interview bezeichnet. Grundsätzlich wäre ein Mangel an Kommunikationsfähigkeit, Ungeduld und Sozialkompetenz, nach Gläser und

Laudel (2010, S.187-189), besonders aber auch durch mangelnde Selbstreflexion, wozu zählt, dass der Interviewer Komplikationen im Interview erkennen sollte, wie z.B. Unaufmerksamkeit oder Aussetzen der Konzentration, ein strategischer Fehler in der Interviewsteuerung und sehr förderlich für Verzerrung im Interviewprozess. Zudem ist es denkbar, dass durch diverse Unsicherheiten des Interviewers, sich dieser nicht mehr an die sogenannte „Leitfragenbürokratie" hält und somit den geplanten Gesprächsverlauf ignoriert. Dadurch kann leicht der Zeitfaktor in Vergessenheit geraten und es können sich zwanglose Gespräche entwickeln. Hussy, Schreier und Echterhoff (2013, S.230) sehen jedoch ein striktes Verfolgen des Leitfadens als kritisch an, da dies anstatt zur Informationsgewinnung eher zu Informationsblockierung führen wird und ergänzend dazu die Gefahr besteht, dass Segmente der Wissenschaftlichkeit ins Interview eingebaut werden.

Allgemein dürfen die Regeln der Wissenschaftlichkeit nicht missachtet werden und auch die Sprach- und Wortwahl sowie der Ausdruck sind ganz entscheidende Faktoren, die zu Verzerrungen im Interview führen können (vgl. Bortz & Döring, 2016, S. 360-361). Ebenso können auch nicht äußerlich sichtbare Merkmale eines Interviewers eine Verzerrung im Interview begünstigen. Hier sind die Einstellung und die Erwartungshaltung des Interviewers, die Erwartungen an den Befragten, die Einstellung gegenüber dem Befragten sowie die Rollenerwartung zu nennen.

2.3 Verzerrungen durch Befragten

Auch so genannte Befragten- Effekte (Response Errors/ Response Sets) können für Verzerrungen im Interview verantwortlich sein. Gläser und Laudel (2010, S.178-181) beschreiben dazu schwierige Befragten- Typen:
Die *Misstrauischen* könnten ein falsches Bild durch Massenmedien von Interviews haben und fühlen sich ausgehorcht oder öffentlich bloßgestellt. Nachfragen in Form von „Was machen Sie dann mit den Daten genau?" könnte ein Anzeichen dafür sein. Oftmals werden Gesprächsaufzeichnungen verweigert und Protokollkopien verlangt. Die *Kritiker* zeigen sich häufig durch Aussagen, wie

„Das gehört nicht zur Sache." oder „Das haben sie doch schon mal gefragt.".
Solche Befragten stellen den Aufbau und die Frageform sowie Inhalte oft in Frage
und können dadurch das Interview ständig störend unterbrechen. Die
Schweigenden machen es dem Interviewer mit ihrer Wortkargheit schwer und
antworten meist kurz und knapp. Hingegen ist bei *Plauderern* die Interviewzeit in
Gefahr und der Umfang der Erzählungen gibt meist nicht das wieder, was man
wissen wollte. Ebenso schwierig können es einem Interviewer, die sogenannten
Beichtkinder machen, wenn diese das Interview nutzen, um sich etwas von der
Seele zu reden. Auch *Rückversicherer* oder *Neugierige* können durch
Gegenfragen an den Interviewer für Unsicherheit sorgen. Besondere
Befragungsgruppen stellen *Eliten* dar, die meist über besonderes Wissen
verfügen oder *Kinder*, die eine schwierige Kontaktaufnahme und gesonderte
Einwilligung benötigen. Bortz und Döring (2016, S.363) ergänzen dieser Gruppe
noch *Jugendliche* sowie *taube und hörbeeinträchtigte Personen*. Hierfür sind
spezielle Kenntnisse und Vorbereitungen für das Interview ratsam.

Weitere Antwort- und Reaktionsmöglichkeiten von Befragten können der
Abbildung entnommen werden:

- Verweigerung einer Antwort (Item Nonresponse)
- Weiß- nicht- Antwort (Meinungslosigkeit)
- Inhaltliche Antwort, obwohl meinungslos zum Gegenstand (Non- Attitudes)
- Sozial erwünschte Antwort (Social- Desirability- Response- Set)
- Reaktion auf formale Aspekte einer Frage (Frageeffekt)
- Reaktion auf die Abfolge auf Fragen (Positionseffekte)
- Reaktion auf die Anwesenheit Dritter beim Interview (Anwesenheitseffekte)
- Reaktion auf den Auftraggeber der Studie (Sponsorship- Effekte)
- Zustimmung zu Fragen unabhängig vom Inhalt der Fragen (Zustimmungstendenz)

Abbildung 1:   Reaktionstendenzen von Befragten

(Eigene Darstellung)

Esser (1977, S.253; zitiert nach Reinecke, 1992, S.24) definiert die Response
Sets als „Neigung, auf unterschiedliche Stimuli in einer Erhebungssituation
gleichartige Reaktionen zu zeigen, auch bei Vorliegen tatsächlicher Unterschiede
in den zu erhebenden Dispositionseigenschaften." Reinecke (1992, S.24) zählt
zu Response Sets z.B. die Tendenz zu raten, die Tendenz zu lügen, die Tendenz

zur Vollständigkeit und die Bevorzugung von mittleren und neutralen Antwortkategorien. Auch die Ja-Sage-Tendenz zählt dazu und beantwortet Fragen unabhängig von ihrem Inhalt immer positiv.

2.4 Minimierung von Interviewverzerrungen

Allgemein lassen sich Verzerrungen im Interview, gleich durch welche Auslöser, nicht gänzlich eliminieren, jedoch durch gewisse Maßnahmen zumindest limitieren. Im Folgenden werden dazu verschiedene Vorschläge erläutert:

Bortz und Döring (2016, S.363-364) schlagen vor, sich am Instrument des Interviewleitfadens zu orientieren, um die Interviewsteuerung nicht zu verlieren. Allgemein sollten günstige Rahmenbedingungen, in Form von guter Terminwahl, effektivem Zeitmanagement, geeigneter Lokation sowie Wohlfühlatmosphäre geschaffen werden. Ebenso sollte das Arbeitsbündnis von Interviewer und Befragten vertrauensvoll und durch gegenseitiges Verständnis geprägt sein. Eine Minimierung von Verzerrungen kann, nach Bortz und Döring (2016, S.360), auch durch eine konkrete Vorauswahl an Interviewern erfolgen. Der nächste Schritt ist dann eine kompetente Vorbereitung auf dessen Tätigkeit und Aufgaben sowie die stichprobenartige Kontrolle des Interviewerverhaltens im Gespräch, um auch Interviewfälschungen vorzubeugen. Um Interviewer- Effekte einzudämmen sind Trainings und Nachschulungen ganz entscheidende Faktoren. Diese sollten Hintergründe, Zielsetzung, Interviewtechnik sowie Rollenspiele (Probeinterviews) beinhalten. Nicht zu vernachlässigen ist auch die Dokumentation des Interviews, da auch hier gravierende Fehler möglich sind.

Gläser und Laudel (2010, S.172-176) erläutern spezielle Verhaltensregeln, die zur Gestaltung der Beziehungen im Interview beitragen. Dazu zählen, das aktive Zuhören auf Ausführungen des Befragten sowie Blickkontakt, Kopfnicken und paraverbaler Ausdruck. Den Befragten nicht zu unterbrechen und ausreden zu lassen sowie Denkpausen einzuräumen. Wenn durch die Interviewform möglich, auch flexibles Fragen zu leisten, um möglichst der Forderung einer natürlichen Situation gerecht zu werden und nicht verstandenes unbedingt durch Nachfragen zu klären. Hussy, Schreier & Echterhoff (2013, S.229) stellen für ein gelungenes Interview das Formulieren der Interviewfragen in den Fokus und proklamieren folgende Frageformen: Keine Ja- Nein Fragen, keine Suggestivfragen, immer nur eine Frage auf einmal stellen, keine doppelte Verneinung, nicht so viele Warum-Fragen und immer an die Ausdrucksweise der Interviewten anlehnen. Ebenso erinnern Hussy, Schreier und Echterhoff (2013, S.230) auch an ethische Probleme im Interview. Beispielsweise könnten lebensgeschichtliche Interviews belastende Erinnerungen oder Konflikte aufleben lassen, wonach eine Beratung beim Befragten notwendig werden könnte. Auch seitens des Interviewers kann es zu Belastungen kommen, wenn Themen, wie Missbrauch oder Gewalt im Interview vorkommen und die Erzählungen der Befragten nicht verkraftet werden.

3 Teilaufgabe – B3

3.1 Notwendigkeit und Relevanz von Gütekriterien

Grundsätzlich wird die Wissenschaftlichkeit und die Qualität empirischer Forschung an sogenannten Gütekriterien geprüft. Während in der quantitativen Forschung relativ konsensfähige und detailliert ausformulierte Gütekriterien und Standards existieren, hält die Debatte um geeignete Qualitätskriterien, in der qualitativen Forschung, bis heute an (vgl. Bortz & Döring, 2016, S.106).

Gerade aus diesem Grund ist es für die, so häufig kritisch betrachtete qualitative Forschung, umso wichtiger geeignete Bewertungskriterien für Ihren Ansatz zu definieren. Die Notwenigkeit und die Relevanz ergeben sich primär für die Anerkennung, die Transparenz und die Qualität des qualitativen Forschungsansatzes. Zudem wird die Güte einer Studie darüber entscheiden, ob sie beispielsweise in einer Fachzeitschrift publiziert wird oder eine Grundlagenstudie Fördergelder erhält oder resultierende Ergebnisse als tragfähig eingestuft werden und überzeugen können (vgl. Bortz & Döring, 2016, S.107).

Hussy, Schreier & Echterhoff (2013, S.277) postulieren, dass es drei unterschiedliche Positionen zur Beurteilung der Qualität unter den qualitativ Forschenden gibt. Manche Experten sind der Meinung, dass die bekannten quantitativen Gütekriterien (Objektivität, Reliabilität, Validität) auch auf die qualitative Forschung, mit gewissen Anpassungen, übertragbar sind. Andere Wissenschaftler sind überzeugt, dass sich die Ziele und Vorgehensweisen qualitativer Forschung so stark von der quantitativen Forschung unterscheiden, dass es erforderlich ist, eigene Gütekriterien zu entwickeln. Und die dritte Position argumentiert, dass es unmöglich sei z.B. sozial-konstruierte Situationen mit festen standardisierten Bewertungen für etwaige Erkenntnisse zu gewinnen und lehnt daher die postmoderne Notwendigkeit von Kriterien generell ab.
Aus letzterer Sicht nun keine Gütekriterien anzuwenden, wird nicht empfohlen, da dies zur Willkür und Qualitätseinbußen in der qualitativen Forschung führen

würde. Zudem stellt es nach Bortz und Döring (2016) eine „Immunisierung gegen Kritik am jeweiligen Forschungsprozess" (S.108) dar.

Die Notwendigkeit und die Relevanz von Gütekriterien in der qualitativen Forschung werden auch durch den Aspekt der Ethik bedeutsam. Die Autoren, Hussy, Schreier & Echterhoff (2013, S.281-283) merken an, dass es speziell im qualitativen Forschungskontext ethische Probleme und Fragen geben kann, die unter mangelnder Berücksichtigung, die Güte einer Untersuchung beeinflussen können. Beispielsweise muss ein respektvoller Umgang, Anonymität oder Vertraulichkeit der Informationen von Teilnehmern gewährleistet werden. Dies könnte z.B. durch Maßnahmen zur Sicherung von Vertraulichkeit erfolgen. Auch der Aspekt von ungleichen Machtverhältnissen zwischen forschender und erforschter Person kann Gefahren beinhalten, die immer kritisch reflektiert werden sollten.

3.2 Fünf Gütekriterien für qualitative Forschung

Die Autoren, Noyes, Popay, Pearson, Hannes & Booth, (2008, S.580) geben an, dass es in der Fachliteratur mehr als einhundert verschiedene Kriterienkataloge mit modifizierten Kriterien für die qualitative Forschung gibt. „Ein konsensfähiger einheitlicher Kanon von Kriterien ist indessen bislang nicht entstanden." (Bortz & Döring, 2016, S.107). Daher sind sich die Autoren (Bortz & Döring, 2016, S.107; Hussy, Schreier & Echterhoff, 2013, S.25; Steinke, 2017, S.324) einig, dass es keine allgemein verbindlichen Qualitätskriterien für die offene und flexible wissenschaftstheoretische Haltung der qualitativen Forschung geben kann, sondern sie verlangen nach einem umfassenden Kriteriensystem und Prüfverfahren, das individuell und untersuchungsspezifisch Anwendung in der qualitativen Untersuchung findet, operationalisierbar ist, und dessen Ziele und Vorgehensweisen gerecht wird. Wonach auch den Faktoren, wie Zeit- und Kostenrahmen, Beachtung geschenkt werden sollte. Im Folgenden werden fünf mögliche Gütekriterien näher erläutert, die im qualitativen Forschungsprozess Anwendung finden können.

Nach Steinke (2017, S.324) ist die Güte der *intersubjektiven Nachvollziehbarkeit* eines der Hauptkriterien einer qualitativen Studie. Der Leser erhält durch präzises darlegen vom Vorverständnis des Forschers, Erläuterung der Forschungsfrage und dem Untersuchungsgegenstand, die verwendeten Erhebungs- und Auswertungsmethoden, den Transkriptionsregeln sowie der gesamten Dokumentation aller Daten einen ausführlichen Überblick über den gesamten Forschungsprozess. Vorteilhaft ist, dass so Schritt für Schritt Ergebnisse und Gedankengänge bewertet und nachvollziehbar gemacht werden und der Leser die Möglichkeit eröffnet bekommt sich nicht an vorgegebene Kriterien zu binden, sondern die Studie mit eigenen Qualitätsmaßstäben zu beurteilen (vgl. Steinke, 2017, S.324-325).

Ein weiteres Gütekriterium qualitativer Forschung ist, nach Mayring (2002; zitiert nach Hussy, Schreier & Echterhoff, 2013, S.278), die *Regelgeleitetheit*. Jede wissenschaftliche Untersuchung muss definierte Regeln einhalten. Ein regelgeleitetes und systematisches Vorgehen gilt als Voraussetzung in allen Forschungsprozessen und muss auch dokumentiert werden. Mayring schlägt dazu ein systematisch einzuhaltendes Ablaufmodell vor, das die Transparenz des Vorgehens ermöglicht und die methodischen Schritte für den Leser nachvollziehbar macht.

Das Gütekriterium der *Reliabilität* misst in der quantitativen Forschung allgemein, inwieweit verwendete Methoden und Ergebnisse wiederholbar sind. Für die qualitative Forschung stellt dies eher eine Herausforderung dar. Die Wiederholbarkeit einer qualitativen Untersuchung ist oft nicht realisierbar, weil sie beispielsweise durch Einzigartigkeit und Veränderungen der Teilnehmer im Laufe der Untersuchungssituation nicht möglich ist. (vgl. Hussy, Schreier & Echterhoff, 2013, S.278). Die Autoren Lincoln und Guba (1985, S.319-327) ersetzen die *Reliabilität* durch das Kriterium der *Verlässlichkeit*. Der Grad der *Verlässlichkeit* von einer qualitativen Untersuchung kann mittels Verlässlichkeits- bzw. Prozessaudits bewertet werden. Speziell für die qualitative Inhaltsanalyse schlägt Kuckartz (2016, S.206) die *Intercoder-Reliabilität* bzw. die Intercoder-Übereinstimmung für das Kategoriesystem vor, die im nächsten Abschnitt näher erläutert wird.

Das Kriterium der *Objektivität* stellt in der quantitativen Forschung den Anspruch der Unabhängigkeit einer Untersuchung vom Untersuchungsleiter bei der Durchführung, Auswertung und Interpretation dar. In der qualitativen Forschung ist es ein Problem, Prozesse derart zu bestätigen, weil diese wesentlich aus sozialen Situationskomponenten konzipiert sind (vgl. Hussy, Schreier & Echterhoff, 2013, S.23). Die Adaptation an das Kriterium der *Objektivität*, nach Lincoln und Guba (1985, S.319-327), ist die *Bestätigbarkeit* einer qualitativen Untersuchung, die sich auf die erhobenen Ergebnisse bezieht und prüft, ob diese nachvollziehbar sind. Das heißt, ob diese auf ihren Ursprung zurückverfolgt werden können und ob die Argumentation der Prozesse plausibel ist. Der Grad kann durch die Zuhilfenahme eines Ergebnisaudits erfolgen.

Als Alternative zur *internen Validität*, nach Lincoln und Guba (1985, S.319-327) wird die *Glaubwürdigkeit* betrachtet. Die Glaubwürdigkeit einer qualitativen Studie hängt entscheidend davon ab, inwieweit externe Einflüsse die Erhebungssituation und somit auch die Ergebnisse beeinflusst haben. Da qualitative Untersuchungen eher nicht- standardisiert ablaufen, gibt es weitere Strategien, die die Authentizität erhöhen, wie z.B. die *kommunikative Validierung* (nach Mayring, 2002; zitiert nach Hussy, Schreier & Echterhoff, 2013, S.25). Hier werden die erhobenen Befunde den Teilnehmern vorgelegt und diskutiert. Bestätigen diese die Richtigkeit der Daten, zählt dies als wichtiges Indiz an *Glaubwürdigkeit* (vgl. Steinke, 2017, S.320).

3.3 Anwendung der Gütekriterien auf qualitative Inhaltsanalyse

Die, im vorangegangen Abschnitt, erläuterten Gütekriterien können folglich auch auf eine qualitative Inhaltsanalyse angewendet werden, wobei es nach Kuckartz (2016, S.201), keine konkreten Gütekriterien für die qualitative Inhaltsanalyse gibt. Grundsätzlich sollte der Ablauf einer qualitativen Inhaltsanalyse, dem Forschenden, sowie die Forschungsfrage und der Untersuchungsgegenstand, bekannt sein, um für den Einzelfall, geeignete Kriterien zu verwenden.

Das Hauptkriterium der qualitativen Inhaltsanalyse ist die *intersubjektive Nachvollziehbarkeit*, nach Steinke (2017, S.324). Sie dokumentiert jedes Detail der gesamten Studie und ist von zentraler Bedeutung. Die Besonderheit bei dem Verfahren der qualitativen Inhaltsanalyse besteht darin, dass die zu Beginn formulierte Forschungsfrage, nicht unverändert besteht, um am Ende beantwortet zu werden, sondern sich im Laufe des Analyseprozesses verändern kann, z.B. durch Betrachtung neuer Aspekte oder durch Ansammlung neuer Daten, obwohl das Kategoriesystem bereits fertig ist. Die Abbildung 2 zeigt die sequentielle Abfolge und die Möglichkeit der zirkulären Entwicklung im Zusammenhang mit der Forschungsfrage (vgl. Kuckartz, 2016, S.46). Zudem kommt hinzu, dass die qualitative Inhaltsanalyse eher in Phasen abläuft und daher die Dokumentation jeden einzelnen Schritt, sowie alle Veränderungen oder Ergänzungen, erfassen sollte, um das gesamte Verfahren für Dritte nachvollziehbar zu gestalten.

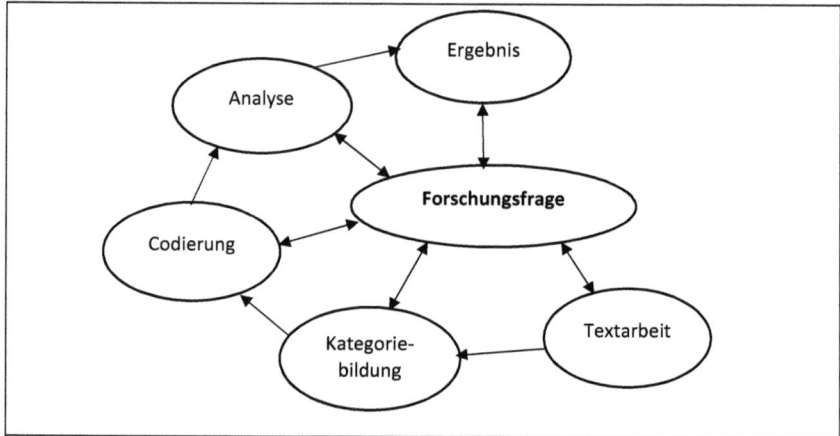

Abbildung 2:   Ablaufschema einer qualitativen Inhaltsanalyse
(Quelle: Eigene Darstellung in Anlehnung an Kuckartz, 2016, S.45)

Ebenso ist, nach Mayring (2007; zitiert nach Gläser & Laudel, 2010, S.204), ein systematisches Vorgehen bei der qualitativen Inhaltsanalyse unumgänglich. Sehr hervorzuheben ist, nach dem Autor, die festgelegte Orientierung an Regeln der Textanalyse, durch die *Regelgeleitetheit*, und die Anpassung des Vorgehens an das Material, sowie die Integration aller Schritte in ein Ablaufmodell.

Nach Hussy, Schreier und Echterhoff (2013, S.258) soll „ein Kategoriesystem [einer qualitativen Inhaltsanalyse] valide, objektiv und reliabel sein." Wonach es zunächst bedeutsam ist, die Phase der Textarbeit, durch das, von Lincoln und

Guba, proklamierte Alternativkriterium der *Bestätigbarkeit* zu bewerten. Die erhobenen Daten und Ergebnisse der Textanalysen gelten dann als nachvollziehbar, wenn die Daten auf ihren Ursprung zurückverfolgt werden können und argumentativ plausibel sind. Während dieser Phase ist die Integration einer Forschungsbegleitung in Form eines Ergebnisaudits denkbar, um den Grad der *Bestätigbarkeit* zu ermitteln (vgl. Lincoln & Guba, 1985, S.319-327).

Sind die Textinhalte des gesamten Datenmaterials systematisch, nachvollziehbar und vollständig geprüft und bestätigt, kann mit dem Bilden eines Kategoriesystems begonnen werden. Anhand dieses Kategoriesystems wird die qualitative Inhaltsanalyse, mittels der *Intercoder-Reliabilität* bzw. *Intercoder-Übereinstimmung,* untersucht und bewertet. Durch die starke Verknüpfung mit der Messtheorie und dem Anspruch der Replizierbarkeit, wird der Begriff *Intercoder-Relibilität* für die qualitative Inhaltsanalyse mit dem Begriff „Übereinstimmung" angepasst (vgl. Kuckartz, 2016, S.206). Die Ermittlung erfolgt durch zwei (oder mehr) Codierer, die das Datenmaterial anhand des Kategoriesystems und Zuhilfenahme eines Codierleitfadens unabhängig voneinander codieren und ihre Ergebnisse auf Trennschärfe und Verständlichkeit vergleichen (vgl. Kuckartz, 2016, S.210). Nach Kuckartz (2017, S.205), könnte die Verwendung von QDA- Software (Qualitative Data Analysis-Software) eine zusätzliche Maßnahme sein, durch die es sich sehr leicht nachvollziehen lässt, wie die Kategorien ausgearbeitet sind, wie zuverlässig die Zuordnung von Textstellen zu Kategorien sind und welchen Grad an Reflexion die geschriebenen Memos aufweisen.

In der vorletzten Phase erfolgt die Validität der Analyse, ob in den Kategorien wirklich das gemessen wurde, was gemessen werden sollte und ob das Messinstrument für die Prüfung der Hypothesen geeignet ist. Die *Validität* hängt folglich davon ab, wie genau Kategorien das Kategoriesystem definieren und ob die Operationalisierung schlüssig und brauchbar ist (vgl. Früh, 1998, S.55). Hier findet die Adaptation der *Validität*, durch die *kommunikative Validierung* Anwendung. Das heißt, dass an dieser Stelle die Teilnehmer mit der Befunderhebung konfrontiert werden können, um die erhobenen Daten und

Resultate zu vergleichen und zu bestätigen. Stimmen die Teilnehmer den Befunden zu, kann dies als ein weiteres qualitatives Merkmal gelten. Zudem kann ein Audit durch eine externe Forschungsbegleitung erfolgen, die die erhobenen Daten bewertet, um den Grad der *Glaubwürdigkeit* zu bestimmen. Nach Kuckartz (2014, S.168) ist es noch keine hinreichende Bedingung, wenn die Glaubwürdigkeit der internen Studiengüte bestätigt ist, dass die Ergebnisse damit automatisch übertragbar oder verallgemeinerbar sind. Jedoch wird damit die interne Studiengüte recht zufriedenstellend beantwortet. Zur Annäherung an die Verallgemeinerung, die das Ziel qualitativer Forschung darstellt, gibt es noch einige Verfahren, die zur Prüfung der Ergebnisse herangezogen werden können, wie z.B. Peer debriefing oder das Gedankenexperiment.

Abschließend sollte die qualitative Inhaltsanalyse unbedingt offen behandelt und kritisch reflektiert werden, zum einen bezüglich der Indikation der verwendeten Bewertungskriterien und auch hinsichtlich ethischer Fragen und Probleme, wie in Abschnitt 3.1 bereits erläutert (vgl. Steinke, 2017, S.327).

Literaturverzeichnis

Atteslander, Peter (2010): Methoden der empirischen Sozialforschung. 13., neu bearbeitete und erweiterte Auflage. Berlin: Erich Schmidt Verlag (ESV basics).

Davis,R.E., Couper, M.P., Janz, N.K., Caldwell, C.H. & Resnicow, K. (2009): Interviewer effects in puplic health surveys, Health Education Research, 25 (1), 14-26

Döring, Nicola; Bortz, Jürgen (2016): Forschungsmethoden und Evaluation in den Sozial- und Humanwissenschaften. Unter Mitarbeit von Sandra Pöschl. 5. vollständig überarbeitete, aktualisierte und erweiterte Auflage. Berlin, Heidelberg: Springer (Springer-Lehrbuch). Online verfügbar unter http://dx.doi.org/10.1007/978-3-642-41089-5.

Früh, W. (1998): Inhaltsanaylse. Theorie und Praxis. 4. Überarbeitete Auflage, UVK- Verl.-Ges. Konstanz

Gläser, Jochen; Laudel, Grit (2010): Experteninterviews und qualitative Inhaltsanalyse als Instrumente rekonstruierender Untersuchungen. 4. Auflage. Wiesbaden: VS Verlag (Lehrbuch). Online verfügbar unter http://d-nb.info/1002141753/04.

Hopf, C.:(1978) Die Pseudo- Exploration. Überlegungen zur Technik qualitativer Interviews in der Sozialforschung, in Zeitschrift für Soziologie. Nr.2. S.97-115.

Hussy, Walter; Schreier, Margrit; Echterhoff, Gerald (2013): Forschungsmethoden in Psychologie und Sozialwissenschaften für Bachelor. 2., überarbeitete Auflage. Berlin, Heidelberg, s.l.: Springer Berlin Heidelberg (Springer-Lehrbuch). Online verfügbar u. http://dx.doi.org/10.1007/978-3-642-34362-9.

Kuckartz. U. (2016): Qualitative Inhaltsanalyse. Methoden, Praxis, Computerstützung. 3.überarbeitete Auflage. Beltz Juventa Verlag, Weinheim/ Basel

Lincoln, Yvonna S.; Guba, Egon G. (20]07): Naturalistic inquiry. [Nachdr.]. Newbury Park, Calif.: Sage.

Mey, Günter; Mruck, Katja (2010): Handbuch Qualitative Forschung in der Psychologie. Wiesbaden: VS Verlag für Sozialwissenschaften / Springer Fachmedien Wiesbaden GmbH Wiesbaden. Online verfügbar unter http://dx.doi.org/10.1007/978-3-531-92052-8.

Noeyes J., Popay,J., Pearson, A., Hannes,K., & Booth,A. (2008): Chapter 20:Qualitative research and cochrane reviews. In J.P.T. Higgins & S.Green(Eds.), Cochrane handbook for systematic reviews of interventions. Chichester: Wiley. Retrieved December 6, 2013, from http://handbook.cochrane.org/.

Reinecke, Jost (1992): Interviewer- und Befragtenverhalten. Theoretische Ansätze und methodische Konzepte. Wiesbaden: VS Verlag für Sozialwissenschaften (Studien zur Sozialwissenschaft, 106). Online verfügbar unter http://dx.doi.org/10.1007/978-3-322-94163-3.

Rogall, Detlef (2000): Kundenbindung als strategisches Ziel des Medienmarketing. Entwicklung eines marketingorientierten Konzeptes zur Steigerung der Leserbindung am Beispiel lokaler/regionaler Abonnementzeitungen. Zugl.: Marburg, Univ., Diss., 2000. Marburg: Tectum-Verl.

Steinke, I. (2017): Gütekriterien qualitativer Forschung. In: Flick, U./ Kardoff, E.v./ Steinke, I.: Qualitative Forschung: Ein Handbuch, 12. Auflage, Rowohlt. Reinbek bei Hamburg

Abbildungsverzeichnis

Anlagenverzeichnis

Anlage: Interviewleitfaden

Anlage: Interviewleitfaden „Kundenbindung bei Abonnementzeitungen"

Projekt:

„Kundenbindung bei Abonnementzeitungen"

Interview- Leitfaden Zeitungskunden

Auftraggeber: SRH Hochschule Riedlingen

Interviewleitfaden

„Kundenbindung bei Abonnementzeitung"

Begrüßung und Einleitung

Sehr geehrte Frau _____ / geehrter Herr _____ .

Herzlich Willkommen

Ich begrüße Sie recht herzlich zur heutigen Interviewteilnahme zum Thema „Kundenbindung bei Abonnementzeitung" und bedanke mich für Ihre Bereitschaft und Zeit daran teilzunehmen.

Im Voraus möchte ich mich kurz bei Ihnen vorstellen und Ihnen nochmals den Interviewablauf sowie den Forschungszweck der heutigen Befragung erläutern. Zudem möchte ich Sie bitten, sich aufkommende Fragen oder Anregungen bis zum Ende des Interviews aufzuheben, damit wir den Interviewablauf nicht unterbrechen müssen. Falls Ihnen nachträglich noch etwas einfällt, sind am Ende des Interviews Ergänzungen möglich.

Mein Name ist XX, Psychologie- Studentin und wissenschaftliche Mitarbeiterin im Forschungsprojekt zum Thema „Kundenbindung bei Abonnementzeitungen". Der Auftraggeber der Untersuchung ist die SRH Hochschule in Riedlingen. Sie untersucht im Kontext einer wissenschaftlichen Studie die Bindung von Zeitungslesern an Ihr Zeitungsabonnement. Mit Hilfe des heutigen Interviews möchte ich Ihnen gerne Fragen zu diesem genannten Thema stellen und Ihre persönliche Meinung, Erwartungen und Anforderungen an Ihr Zeitungsabonnement erfahren. Ihre Informationen werden im Anschluss von Experten ausgewertet und für den Untersuchungszweck weiterverwendet.

Die Fragestellung wird offen sein und lässt Ihnen ausreichend Spielraum bei der Beantwortung. Erzählen Sie bitte alles was Ihnen zu einer Frage einfällt und wichtig ist. Es wird eine Gesamtdauer von ca.60 Minuten für das Interview vorgesehen und gibt Ihnen genügend Zeit zur Beantwortung. Ich werde Sie nicht unterbrechen und der Inhalt Ihrer Meinungen bleibt wertungsfrei. Nachträgliche Ergänzungen können am Ende des Interviews, wie bereits erwähnt, hinzugefügt werden.

Um mich gänzlich auf Ihre Aussagen konzentrieren zu können und die Auswertung im Nachhinein präziser erfolgen kann, möchte ich Sie bitten mir die Genehmigung zu erteilen, das heutige Interview mit einem Tonbandgerät aufzuzeichnen. Ich benötige hierzu eine konkrete Einwilligung sowie eine Einverständniserklärung für Ihre Teilnahme. Ich versichere Ihnen, dass Ihre Daten nach dem Datenschutzgesetz vertraulich und anonymisiert behandelt werden.

Persönlicher Teil

Bitte füllen Sie folgende formale Angaben vor dem Interviewstart aus:

Name: _____   Beginn: _____

Beruf: _____   Ende: _____

Alter: _____

Geschlecht: _____

Hauptteil

Im folgenden Abschnitt des Interviews werde ich Ihnen nun Fragen zum Thema „Kundenbindung bei Abonnementzeitungen" stellen und bitte Sie um Ihre volle Aufmerksamkeit.

Dimension Habituelle Mediennutzung

Inwiefern haben Sie sich an die Gestaltung und Struktur Ihrer Zeitung gewöhnt?
Stichwort: Nutzung, Vermissen der Zeitung im Tagesablauf, schnelle Informationsfindung

Könnten Sie sich vorstellen, sich an eine andere Zeitung zu gewöhnen?
Stichwort: Umgewöhnungsdauer

Könnten Sie mir Ihr Vorgehen beim Zeitungslesen schildern?
Stichwort: Reihenfolge, Rubriken, Ort, Zeit, Nichtlesen mancher Teile

Dimension Variety Seeking

Verspüren Sie den Wunsch nach mehr Abwechslung in Bezug auf Ihre Zeitung?

Stichwort: Langeweile, mehr neue Nachrichten und Informationen, Neuerscheinungen testen

Nutzen Sie bereits andere Konkurrenzmedien?

Stichwort: Weitere Zeitungsbezüge, Probeabos oder andere Medien

Dimension Kundenzufriedenheit

Wie zufrieden sind Sie mit Ihrer Zeitung?

Stichwort: globale oder partielle Zufriedenheit

Dimension Soziale Wechselhemmnisse

Inwieweit besteht bei der Nutzung Ihrer Zeitung ein traditioneller Hintergrund?

Stichwort: Familientradition

Inwiefern wird Ihre Bindung an Ihr Abonnement, durch soziale, regionale oder gesellschaftliche Aspekte, beeinflusst?

Stichwort: symbolische regionale Verbundenheit, gesellschaftliche Partizipation, Trend im Freundeskreis, Benachteiligung, Bildungslücke

Wie engagiert sind Sie in der Lokalpolitik?

Stichwort: Interesse, Engagement

Dimension Ökonomische Wechselhemmnisse

Inwiefern wäre ein Wechsel Ihres Abonnements für Sie denkbar in Bezug auf Aufwand und Preis- Leistung?

Stichwort: Aufwand, Kosten, Zeitungspreis, Leistung

Wünschen Sie sich Treuevorteile und nehmen Sie diese wahr?

Stichwort: Rabatte

Wie verhalten Sie sich bei Beschwerdeanliegen Ihrer Zeitung gegenüber?

Stichwort: Beschwerdekanäle bekannt, Kündigung

Dimension Produktfunktionen und -eigenschaften

Wie würden Sie die Funktionen Ihrer Zeitung beurteilen?

Stichwort: Informations-, Orientierungs-, Kultur-, Integrations- und Unterhaltungsfunktion

Wie beurteilen Sie Ihre Zeitung anhand ausgewählter Eigenschaften?

Stichwort: Markenartikel, Übersichtlichkeit, Handhabbarkeit, Ausführlichkeit, Objektivität, Verständlichkeit, Oberflächlichkeit, Farbigkeit, Lesernähe, Interessantheit, Sachlichkeit, Modernität, Optimismus, Glaubwürdigkeit, Aktualität

Schlussteil

Vielen Dank für Ihre Kooperation und Teilnahme am heutigen Interview.

Stichwort: Fragen, Ergänzungen, Anregungen

Unterzeichnung der Einverständniserklärung sowie der Genehmigung für die Tonbandaufzeichnung.

Verabschiedung!